BEI GRIN MACHT SICH IHR WISSEN BEZAHLT

AF140790

- Wir veröffentlichen Ihre Hausarbeit, Bachelor- und Masterarbeit

- Ihr eigenes eBook und Buch - weltweit in allen wichtigen Shops

- Verdienen Sie an jedem Verkauf

Jetzt bei www.GRIN.com hochladen und kostenlos publizieren

Bibliografische Information der Deutschen Nationalbibliothek:

Die Deutsche Bibliothek verzeichnet diese Publikation in der Deutschen National-
bibliografie; detaillierte bibliografische Daten sind im Internet über http://dnb.d-
nb.de/ abrufbar.

Impressum:

Copyright © 2019 GRIN Verlag
Druck und Bindung: Books on Demand GmbH, Norderstedt Germany
ISBN: 9783668966628

Dieses Buch bei GRIN:

https://www.grin.com/document/489030

Kevin Mertens

Trainingslehre 2. Diagnose, Zielsetzung, Trainingsplanung Mesozyklus

GRIN Verlag

GRIN - Your knowledge has value

Der GRIN Verlag publiziert seit 1998 wissenschaftliche Arbeiten von Studenten, Hochschullehrern und anderen Akademikern als eBook und gedrucktes Buch. Die Verlagswebsite www.grin.com ist die ideale Plattform zur Veröffentlichung von Hausarbeiten, Abschlussarbeiten, wissenschaftlichen Aufsätzen, Dissertationen und Fachbüchern.

Deutsche Hochschule für

Prävention und Gesundheitsmanagement

Hermann Neuberger Sportschule 3

66123 Saarbrücken

Einsendeaufgabe

Fachmodul:	Trainingslehre 2
Studiengang:	Bachelor of Arts Fitnessökonomie
Datum **Präsenzphase**	**19.12.2018 – 21.12.2018**
Name, Vorname:	Mertens, Kevin
Studienort:	**Köln**
Semester:	**WS 2018**

Inhaltsverzeichnis

1 Diagnose

1.1 Allgemeine und Biometrische Daten

Zu Beginn wurden alle relevanten Daten des Probanden, die zur Trainingsplanung nötig sind, in einem Anamnesegespräch erfasst und werden in der folgenden Tabelle aufgeführt.

Tab. 1 : Allgemeine und biometrische Daten des Probanden

Alter:	28
Geschlecht:	Männlich
Körpergröße:	1,83m
Körpergewicht:	90kg
Trainingsmotive:	Geht ab und an in seiner Freizeit laufen, hat sich jetzt vorgenommen einen Marathon zu beginnen. Darauf will der Proband nun gezielt hin trainieren.
Berufliche Tätigkeit:	Dualer Student
Aktuelle sportliche Aktivität:	2x pro Woche 60 Min. Krafttraining + 3x pro Woche 30-45 Min. laufen
Frühere sportliche Aktivität:	Ringen im Leistungssportbereich 4x pro Woche 90 Minuten Training + 1x Wettkampf am Wochenende (während der Saison)
Zeitlicher Verfügungsrahmen:	3-4x pro Woche für max. 120 Minuten pro Einheit
Leistungsstufe:	Fortgeschrittener
Blutdruck (mit Blutdruckmessgerät gemessen):	145/85 mmHg: milde Hypertonie (Stufe 1) laut Normwerte nach WHO siehe Tab. 1
Ruhepuls (mit Pulsgurt gemessen):	56 Schläge/Minute : Proband liegt unter dem Durchschnitt der bei 60-80 Schläge/Minute liegt (Weineck, 2003, S. 50), dies kann am Ausdauertraining des Probanden liegen.
Allgemeiner Gesundheitszustand (or-	Proband muss wegen seiner milden

thopädische und internistische Probleme, ärztliche Behandlungen, Einnahme von Medikamenten):	Hypertonie 1 Tablette Candesartan 4mg täglich nehmen
Body-Mass-Index:	26,87 kg/m² der Proband ist übergewichtig nach BMI Klassifizierung der WHO (WHO, 2000)

Tab. 2: Blutdruck Normwerte nach WHO (eigene Darstellung)

	systolisch (mmHg)	diastolisch (mmHg)
Optimaler Blutdruck	<120	<80
Normaler Blutdruck	120-129	80-84
Hoch-normaler Blutdruck	130-139	85-89
Milde Hypertonie (Stufe 1)	140-159	90-99
Mittlere Hypertonie (Stufe 2)	160-179	100-109
Schwere Hypertonie (Stufe 3)	>=180	>=110

1.2 Leistungsdiagnostik/Ausdauertestung

Um ein genaues Bild über den Leistungsstand des Probanden zu bekommen wird eine Leistungsdiagnostik durchgeführt. Des weiteren ist diese wichtig um später anhand von Re-Tests die Leistungsentwicklung des Probanden zu überprüfen. Die Leistungsdiagnostik meines Probanden wird mit Hilfe des Hollmann-Venrath-Tests durchgeführt, da der Proband schon 3x wöchentlich Ausdauersport betreibt. Außerdem ist der Proband durch seine sportlichen Vorerfahrung schon gut trainiert. Lediglich wegen der milden Hypertonie muss während des Tests verstärkt auf das Verhalten des Probanden geachtet werden. Sollten Beschwerden, wie z.B. Schwindel, Übelkeit, Blässe etc., auftreten, wird der Ausdauertest sofort abgebrochen (Steinacker, Liu & Reißnecker, 2002, S. 228). Zusätzlich wird dem Probanden eine Belastung von mindestens 150 Watt zugetraut. Auf Grundlage dieser Leistungsdaten wurde der Hollmann-Venrath-Test ausgewählt. Die Pulsobergrenze nach WHO: 180-LA (Rost, 2002, S. 57) liegt bei 152.

Tab. 3: Hollmann-Venrath-Test

Hollmann-Venrath-Test				
Testrelevante Parameter				
Geschlecht:	männlich	**Eingangsbelastung:**	30 Watt	
Alter:	28	**Belastungssteigerung:**	40 Watt	
Gewicht:	90 Kg	**Stufendauer:**	3 Minuten	
Ruhepuls:	56 S/Min	**Trittfrequenz:**	60-80 U/Min	
Pulsgrenze:	152 S/Min	**Abbruchgrenze (200-LA):**	172 S/Min	
Testprotokoll				
Zeit	**Belastung**	**Herzfrequenz 1**	**Herzfrequenz 2**	**Herzfrequenz 3**
1-3 min	30 Watt	82	85	87
3-6 min	70 Watt	91	95	99
6-9 min	110 Watt	104	109	113
9-12 min	150 Watt	118	123	129
12-15 min	190 Watt	135	142	149
15-18 min	230 Watt	155	161	166
Auswertung				
Belastung:			190 Watt + (40 / 3) = 203,3	
Normbewertung:			203,3 Watt / 90 Kg = 2,26	

Der Proband hat 5 Belastungsstufen komplett durchfahren. Bei Stufe 6 hat er nach 16 Minuten die Pulsobergrenze von 152 S/Min erreicht. Der Test wurde nach der achtzehnten Minute bei einer Wattzahl von 230 und einem Puls von 166 S/Min beendet, da weder die Abbruchgrenze von 172 S/Min erreicht wurde, noch hat der Proband über Beschwerden nach (Steinacker, Liu & Reißnecker, 2002, S. 228) geklagt die einen Abbruch mit sich ziehen würden. Die Gesamtleistung des Probanden liegt bei 203,3 Watt (Zeitinterpoliert: 190 Watt + 40 Watt / 3 = 203,3 Watt). Die auf das Körpergewicht bezogene relative Wattleistung beträgt 2,26 Watt/kg Körpergewicht (203,3 Watt / 90 Kg). Somit ergibt sich für den Probanden, verglichen mit der Normtabelle (IPN, 2004, S. 8), eine durchschnittliche Ausdauerfähigkeit.

1.3 Gesundheits- und Leistungsstatus der Person

Da der Proband milde Hypertonie hat und einmal täglich Candesartan 4mg einnehmen muss, ist ein Ausdauertraining sogar zu empfehlen. Die Blutdrucksenkung liegt im Durchschnitt nämlich bei 10 mmHg systolisch und 5 mmHg diastolisch (Kindermann et al., 2003). Es sollte trotzdem vor Trainingsbeginn nochmal eine Arzt aufgesucht werden und ein Ruhe-EKG, sowie ein Belastungs-EKG durchgeführt werden. Beim Belastungs-EKG darf der Blutdruck bei 100 Watt nicht die Grenze von 200/100 mmHg überschreiten (Franz, 2003, S. 55). Da Candesartan kein Beta-Rezeptoren-Blocker ist, entstehen durch die Einnahme keine wesentlichen Veränderungen bei der Herzfrequenz. Durch das leichte Übergewicht des Probanden entstehen gesundheitlich keine Einschränkungen, da der Proband ansonsten Kerngesund ist und keine anderen Vorerkrankungen bestehen. Obwohl der Proband schon 3x/Woche Ausdauersport betreibt ist sein Leistungsstand „nur" durchschnittlich. Jedoch kann man schlussfolgern, dass der Proband nach Absprache mit einem Arzt voll belastbar ist.

2 Zielsetzung/Prognose

Anhand der Motive mit denen mein Proband zu mir kam, wurden gemeinsam 3 Ziele mit Bezug auf deren Inhalt, Ausmaß und Zeit formuliert. Die Ziele können der folgenden Tabelle entnommen werden.

Tab. 4: Zielsezung/Prognose

	Inhalt	Ausmaß	Zeit
Ziel 1:	Blutdrucksenkung	10 mmHg systolisch	3 Monate
		5 mmHg diastolisch	
Begründung	Der Proband möchte seinen Blutdruck senken, damit er keine milde Hypertonie mehr hat. Außerdem würde er gerne die blutdrucksenkende Tablette absetzen.		
Ziel 2:	BMI senken	Min. um 2,5 Kg/m²	6 Monate
Begründung	Der Proband möchte abnehmen und mit seinem BMI in den Normalbereich (18,5 – 24,9 nach (WHO, 2000)) kommen. Außerdem spielt das Gewicht auch bei seinem Blutdruck eine Rolle, durch Gewichtsreduzierung kann auch eine Blutdrucksenkung		

Ziel 3:	erreicht werden.		
	Ausdauerfähigkeit verbessern	Vom Hobby-Läufer zum Marathon-Finisher	12 Monate
Begründung	Proband gab beim Eingangsgespräch an einen Marathon laufen zu wollen. Sein Leistungsstand nach Hollmann-Venrath-Test ist durchschnittlich. Somit muss er seine Ausdauerfähigkeit verbessern, damit er einen Marathon finishen kann.		

3 Trainingsplanung Mesozyklus

3.1 Grobplanung Mesozyklus

Tab. 5: Grobplanung Mesozyklus

Mesozyklus	
Dauer:	6 Wochen
Trainingsziel:	Entwicklung der Grundlagenausdauer
Belastungsumfang/Woche:	2-5 Stunden
Trainingsmethoden:	Extensive Dauermethode
	Intensive Dauermethode
	Variable Dauermethode
Trainingsintensität:	45-55% Hfreserve (regenerative DM)
	55-65% Hfreserve (extensive DM)
	65-80% Hfreserve (intensive DM)
	55-80% Hfreserve (variable 5:5)
Trainingshäufigkeit:	3-4x wöchentlich
Dauer pro Trainingseinheit:	20-30 min. (regenerative DM)
	60-120 min. (extensive DM)
	45-60 min. (intensive DM)
	30-40 min. (variable DM)
Trainingsgeräte :	Laufband, Outdoor Laufen

3.2 Detailplanung Mesozyklus

Die Trainingsherzfrequenz (Hfreserve) wird mit der Karvonen-Formel:

Thf = (Hfmax – Hfruhe) x Intensität in % + Hfruhe

berechnet . Dies wurde bewusst gewählt, da durch den Einfluss der Hfruhe ein bereits erfolgter Anpassungseffekt der Herzfrequenz berücksichtigt wird. Somit kann bei trainierten Probanden mit einer höheren Thf gerechnet werden, als bei der Formel Hfmax = 220 – LA.

Tab. 6: Detailplanung Mesozyklus

Woche 1	Montag	Mittwoch	Freitag	Sonntag
Trainingsziel:	Aufbau & Stabilisierung GA1	Stabilisierung & Entwicklung GA1 & GA2	RECOM	
Trainingsmethode:	Extensive DM	Intensive DM	Regenerative DM	
Trainingsintensität:	55-65% Hfreserve	65-75% Hfreserve	45-55%Hfreserve	
Trainingsherzfrequenz:	131- 145 S/min	145-158 S/min	117-131 S/min	
Trainingsdauer:	60 min	45 min	20 min	
Trainingsgerät:	Outdoor Laufen	Outdoor Laufen	Laufband	
Woche 2				
Trainingsziel:	Aufbau & Stabilisierung GA1	Stabilisierung & Entwicklung GA1 & GA2	Stabilisierung & Entwicklung GA1 & GA2	RECOM
Trainingsmethode:	Extensive DM	Intensive DM	Variable DM	Regenerative DM
Trainingsintensität:	55-65% Hfreserve	65-75% Hfreserbe	55-75% Hfreserve 55-60% extensiv 70-75% intensiv	45-55% Hfreserve
Trainingsherzfrequenz:	131-145 S/min	145-158 S/min	131-158 S/min 131-138 S/min	117-131 S/min

			extensiv 151-158 S/min intensiv	
Trainingsdauer:	60 min	45 min	30 min 5:5	20 min
Trainingsgerät:	Outdoor Laufen	Laufband	Outdoor Laufen	Laufband
Woche 3				
Trainingsziel:	Aufbau & Stabilisierung GA1	Stabilisierung & Entwicklung GA1 & GA2	Stabilisierung & Entwicklung GA1 & GA2	RECOM
Trainingsmethode:	Exentsive DM	Variable DM	Intensive DM	Regenerative DM
Trainingsintensität:	55-65% Hfreserve	55-75% Hfreserve 55-60% extensiv 70-75% intensiv	65-75% Hfreserve	45-55% Hfreserve
Trainingsherzfrequenz:	131-145 S/min	131-158 S/min 131-138 S/min extensiv 151-158 S/min intensiv	145-158 S/min	117-131 S/min
Trainingsdauer:	70 min	35 min 5:5	50 min	25 min
Trainingsgerät:	Outdoor Laufen	Outdoor Laufen	Laufband	Laufband
Woche 4				
Trainingsziel:	Aufbau & Stabilisierung GA1	Stabilisierung & Entwicklung GA1 & GA2	RECOM	Stabilisierung & Entwicklung GA1 & GA2
Trainingsmethode:	Extensive DM	Variable DM	Regenerative DM	Intensive DM
Trainingsintensität:	55-65% Hfreserve	55-75% Hfreserve 55-60% extensiv 70-75% intensiv	45-55% Hfreserve	65-75% Hfreserve

Trainingsherzfrequenz:	131-145 S/min	131-158 S/min 131-138 S/min extensiv 151-158 S/min intensiv	117-131 S/min	145-158 S/min
Trainingsdauer:	85 min	35 min 5:5	30 min	50 min
Trainingsgerät:	Outdoor Laufen	Outdoor Laufen	Laufband	Laufband
Woche 5				
Trainingsziel:	Aufbau &Stabilisierung GA1	Entwicklung GA2	RECOM	Entwicklung & Stabilisierung GA1 & GA2
Trainingsmethode:	Extensive DM	Intensive DM	Regenerative DM	Variable DM
Trainingsintensität:	60-65% Hfreserve	75-80% Hfreserve	45-55% Hfreserve	55-75% Hfreserve 55-60% extensiv 70-75% intensiv
Trainingsherzfrequenz:	138-145 S/min	158-165 S/min	117-131 S/min	131-158 S/min 131-138 S/min extensiv 151-158 S/min intensiv
Trainingsdauer:	100 min	55 min	30 min	40 min 5:5
Trainingsgerät:	Outdoor Laufen	Outdoor Laufen	Laufband	Outdoor Laufen
Woche 6				
Trainingsziel:	Aufbau & Stabilisierung GA1	Entwicklung & Stabilisierung GA1 & GA2	Aufbau &Stabilisierung GA1	Entwicklung GA2
Trainingsmetho-	Extensive DM	Variable DM	Extensive DM	Intensive DM

de:				
Trainingsintensität:	60-65% Hfreserve	60-80% Hfreserve 60-65% extensiv 75-80% intensiv	60-65% Hfreserve	75-80% Hfreserve
Trainingsherzfrequenz:	138-145 S/min	138-165 S/min 138-145 S/min extensiv 158-165 S/min intensiv	138-145 S/min	158-165 S/min
Trainingsdauer:	120 min	40 min 5:5	60 min	60 min
Trainingsgerät:	Outdoor Laufen	Outdoor Laufen	Outdoor Laufen	Outdoor Laufen

3.3 Begründung zum Mesozyklus

Begründung zum angestrebten wöchentlichen Belastungsumfang

Tab. 7: wöchentlicher Belastungsumfang

Woche	1	2	3	4	5	6
Einheiten	3	4	4	3	4	4
Zeit	125 min	155 min	180 min	200 min	225 min	280 min

Der Proband hat beim Eingangsgespräch einen zeitlichen Verfügungsrahmen von 3-4 mal pro Woche mit maximal 120 Min/Einheiten angegeben. An diese Vorgabe hält sich der Trainingsplan. Außerdem halten sich die ersten 5 Wochen an die Empfehlungen von (Zintl & Eisenhut, 2001, S. 137), diese empfiehlt eine Belastung von 180-240 min./Woche. Lediglich die letzte Woche überschreitet diese Empfehlungen. Das wurde bewusst so gewählt, damit der Proband Stück für Stück an die Dauer eines Marathons gewöhnt wird.

Begründung zu den ausgewählten Trainingsmethoden

Die extensive DM wurde gewählt um die GA1 zu stabilisieren und weiter auszubauen, da grade bei einem Marathon die GA1 von großer Bedeutung ist. Denn je größer die GA1 ist, umso länger kann gelaufen werden ohne das Laktat ausgeschüttet wird. Außerdem waren weitere Ziele des Probanden die Senkung des Blutdrucks und eine Senkung des BMIs. Hierfür ist die extensive DM auch geeignet, da sie die Herz-Kreislauf-Arbeit und den Fettstoffwechsel verbessert (Zintl & Eisenhut, 2001).

Die intensive DM wurde gewählt da sie dazu beiträgt die GA1 & GA2 zu entwickeln und zu stabilisieren, darüber hinaus bewirkt sie auch eine Reduzierung des Körperfettanteils (Hottenrott, 2006, S. 64ff.). Das hat den Effekt, dass der Proband sein Ziel den BMI zu senken erreichen kann. Außerdem wird die anaerobe Schwelle angehoben, somit können über längeren Zeitraum höhere Intensitäten bewältigt werden.

Die variable DM wurde gewählt, da so ein Training zwischen der aeroben und anaeroben Schwelle möglich ist. Dadurch wird die Laktatelimination und -kompensation grade in Belastungen mit niedriger Intensität verbessert (Zintl & Eisenhut, 2001).

Begründung zur Belastungsprogression

Zur Belastungsprogression im Ausdauersport hält man sich an ein einfaches Prinzip, das „The Cardio Exercise Dose" genannt wird. Es besagt, dass man erst die Trainings Häufigkeit, dann die Trainingsdauer und dann die Trainingsintensität steigert. Im Mesozyklus des Probanden wurde sich genau an dieses Prinzip gehalten. Er ist mit 3 Einheiten/Woche gestartet und ist dann auf 4 Einheiten/Woche erhöht worden. Erst dann wurde die Dauer der Einheiten erhöht und später die Intensität.

Begründung zu den angesteuerten Trainingsbereichen

Im Trainingsplan sind die Trainingsbereiche REKOM, Grundlagenausdauerbereich 1 und Grundlagenausdauerbreich 2 enthalten. Jeder Trainingsbereich zielt auf unterschiedliche Effekte ab. Für den Grundlagenausdauerbereich 1 eignen sich die extensive DM und die variable DM (Neumann et al., 2007; Hottenrott, 2006). Durch den GA1 wird die Grundlagenausdauer stabilisiert und verbessert. Der Grundlagenausdauerbereich 2 zielt darauf ab eine höhere Laktattoleranz im Organismus zu erreichen. Man trainiert im Grundlagenausdauerbereich 2 im aeroben-anaeroben Mischbereich bei Laktat-

werten zwischen 3-6 mmol/l (Neumann et al., 2007 S.132). Die geeigneten Trainingsmethoden sind die intensive und variable DM, sowie die extensive Intervallmethode
(Neumann et al., 2007, S. 131). Als letzte Methode im Plan finden wir die REKOM
Methode, diese soll zur aktiven Regeneration beitragen. Durch die REKOM Methode
wird so gut wie kein Laktat produziert (Hottenrott, 2006; Zintl & Eisenhut, 2001). Man
trainiert ausschließlich im aeroben Bereich.

Begründung der ausgewählten Ausdauergeräte bzw. Bewegungsformen

Als Ausdauergeräte bzw. Bewegungsformen wurden ausschließlich das Laufband, sowie
Outdoor Laufen ausgewählt. Das wurde bewusst so entschieden, da das Hauptziel des
Probanden ein Marathonlauf ist. Außerdem ist Laufen grade für Hypertoniker besonders
gut geeignet, da unter dem Einsatz von großen Muskelgruppen eine dynamische Mus-
kelarbeitsweise zum Einsatz kommt, die keine hohe Blutdruckbelastung darstellt.

4   Literaturrecherche

Tab. 8: Effekte von Ausdauertraining bei arterieller Hypertonie

Studie 1	Studie 2
Titel der Studie	
Effekte eines 12-wöchigen Ausdauertrainings auf die körperliche Leistungsfähigkeit und den psychischen Zustand von Patienten mit isolierter systolischer Hypertonie	Kardiovaskuläre Effekte eines aeroben versus eines isometrischen Trainings bei arterieller Hypertonie
Wer hat die Studie durchgeführt? In welchem Jahr wurde die Studie publiziert?	
(Meisner, 2011)	(Stergios, 2015)
Mit welchen Versuchspersonen wurde die Studie durchgeführt?	
- Patienten der Hochschulambulanz/Bluthochdrucksprechstunde der Charite Universitätsklinik Berlin (Meisner, 2011, S. 17) - Einschlusskriterien: isolierter systolischer Bluthochdruck, systolisch > 140 mmHg, diastolisch <= 90 mmHg (Meisner, 2011, S. 17) - Ausschlusskriterien: regelmäßiger Sport in den letzten 12 Wochen, periphere arterielle Verschluss-	- an der Studie haben 70 Probanden teilgenommen. Die Probanden hatten entweder einen Blutdruck von min. 140/90 mmHg vorzuweisen, oder wurden wegen arterieller Hypertonie medikamentös behandelt (Stergios, 2015, S. 31). - Ausschlusskriterien: regelmäßige sportliche Betätigung, Aorten Vitium (> 1.Grades), periphere Verschlusskrankheit (> Stadium 1), hochgradige

krankheit, Aorteninsuffizienz bzw. Stenose, HOCM, Herzinsuffizienz, absolute Arrhythmien mit hämodynamischer Relevanz, systolischer Bludruck > 180 mmHg, Ischämiezeichen im EKG der Eingangsuntersuchung, medikamentöse Veränderungen in den den letzten 6 Wochen (Meisner, 2011, S17) - 57 Personen wurden für die Teilnahme berücksichtigt, die Daten von 51 Personen wurden ausgewertet (Kontrollgruppe 27 Personen darunter 11 Männer und 16 Frauen, Trainingsgruppe 24 Personen darunter 13 Männer und 11 Frauen) (Meisner, 2011, S. 18)	Herzinsuffizienz, unkontrollierte Herzrythmusstörung, systolischer Blutdruck höher als 180 mmHg und diastolischer Blutdruck höher als 110 mmHg (Stergios, 2015, S. 32-33)

Wie sah der Versuchsaufbau der Studie aus?	
- alle Teilnehmer wurden einer Eingangsuntersuchung unterzogen. Diese bestand aus einen Ruhe- und Belastungs-EKG, eine Laufband-Spiroergometrie, einer 24-Stunden-Blutdruckmessung und einer Echokardiografie des Herzens. Mit der Laufband-Spiroergometrie wurde der Leistungszustand der Teilnehmer gemessen. Zusätzlich wurde der Blutdruck unmittelbar nach den Belastungsstufen gemessen. (Meisner, 2011, S. 19) - Die Teilnehmer wurden durch das Zufallsprinzip in zwei Gruppen aufgeteilt (27 Personen Trainingsgruppe und 27Personen Kontrollgruppe). Die Trainingsgruppe hatte 3 Drop-Outs, so wurden nur 24 Teilnehmer ausgewertet (Meisner, 2011, S. 20-21). - Die Trainingsgruppe trainierte 3 mal die Woche, so das sie auf 36 Trainingseinheiten kamen. Für das Training wurde ein Intervall-Schema angewendet und die Belastung systematisch gesteigert. In den ersten 5 Einheiten wurde in 5mal 3Min. Intervallen trainiert. Es wurde so gesteigert, dass in den vorletzten 5 Trainingseinheiten 2mal 15Min Intervalle stattgefunden haben und abschließend 5 Trainingseinheiten mit einer Dauerbelastung von 30-40 Minuten. Das Training wurde via Laktatkonzentration gesteuert (Meisner, 2011, S. 21-22). - Nach Abschluss des Trainings folgte eine Ab-	- Vor Beginn der Studie mussten alle Teilnehmer eine Eingangsuntersuchung absolvieren. Diese Bestand aus einer 24 Stunde-Langzeit-Blutdruckmessung wobei auch die Tagesintervalle und Nachtintervalle gesondert betrachtet wurden. Außerdem wurde der zentrale Aortendruck gemessen und eine Pulswellenanalyse gemacht (Stergios, 2015, S. 41-42) - Es wurden 3 Gruppen gebildet. In Gruppe 1 befanden sich 25 Personen die das isometrische Faustschlusstraining absolvierten. In der Gruppe 2 befanden sich 23 Personen diese trainierten auch mit einem Faustschlussgerät, was allerdings ein Placebo war. In der Gruppe 3 befanden sich 22 Personen, diese absolvierten ein aerobes Training. Die aerobe Trainingsmethode konnten sie sich frei auswählen. Gruppe 3 absolvierte das aerobe Training 12 Wochen lang mit einem Umfang von 5 Einheiten pro Woche für 30-45 Minuten (Stergios, 2015, S. 32-33).

schlussuntersuchung die genau die gleichen Unter-
suchungen beinhaltete wie die Eingangsuntersu-
chung

Welche relevanten Ergebnisse und welche Schlussfolgerung lieferten die Studien?	
- die maximale Leistungsfähigkeit wurde via erreichter Watt-Leistung in Eingangs- und Ausgangstest getestet. Die Trainingsgruppe konnte sie von durchschnittlich 153,4 Watt auf druchschnittlich 197,7 Watt steigern. Die Kontrollgruppe hingegen hatte keine relevante Leistungssteigerung (Eingangstest durchschnittlich 122,6 Watt , Ausgangstest durchschnittlich 127,5 Watt). So das nach den 12 Wochen ein Unterschied von 66,5 Watt zwischen den beiden Gruppen lag. Beim Eingangstest gab es keinen nennenswerten Unterschied (Meisner, 2011, S. 24) - Der systolische Blutdruck in der Trainingsgruppe ist von 185,2 mmHg im Durchschnitt auf 153,8 mmGh im Durchschnitt gesunken. In der Kontrollgruppe hingegen ist der systolische Blutdruck lediglich von 189,3 mmHg im auf 167,1 mmHg im Durchschnitt gesunken. (Meisner, 2011, S.25) - Eine signifikante Veränderung beim diastolischen Blutdruck ist weder in der Trainingsgruppe noch in der Kontrollgruppe zu erkennen (Meisner, 2011, S.25) - Es zeigten sich signifikante Veränderungen bezüglich des Laktatwertes, der Herzfrequenz, sowie des Borg-Wertes in der . In der Kontrollgruppe hingegen zeigte sich nur eine signifikante Veränderung beim systolischen Blutdruck (Meisner, 2011, S. 43) - Laut (Meisner, 2011, S.43) zeigt die Studie, dass es weitere Untersuchungen, in Bezug des positiven Effekts körperlicher Belastung bei Patienten mit isolierten systolischen Bluthochdruck, geben muss.	- in Gruppe 3 zeigt sich eine signifikante Veränderung der systolischen Blutdrucks von 129,1 mmHg im Durchschnitt auf 122,7 mmHg im Durchschnitt und des diastolischen Blutdrucks von 79,5 mmHg auf 76,7 mmHg (Stergios, 2015, S. 40) - bei Gruppe 1 und 2 hingegen zeigen sich keine signifikante Veränderungen des Blutdrucks - die Studie zeigt, dass aerobes Training einen positiven Einfluss auf den Blutdruck sowie auf Gefäßelastizität hat. Das isometrische Faustschlusstraining hingegen hatte weder Einfluss auf den Blutdruck noch auf die Gefäßelastizität (Stergios, 2015, S. 52-53).

5 Literaturverzeichnis

Franz, I.-W. (2003). Blutdruck während Ergometrie. *Deutsche Zeitschrift für Sport medizin, 54* (2), 55–56.

Hottenrott, K. (2006). *Trainingskontrolle mit Herzfrequenz-Messgeräten* (1. Aufl). Aachen: Meyer & Meyer.

IPN. (2004). IPN-Test® – *Ausdauertest für den Fitness- und Gesundheitssport.* Köln: IPN.

Kindermann, W., Dickhuth, H.-H., Niess, A., Röcker, K. & Urhausen, A. (2003). *Sportkardiologie. Körperliche Aktivität bei Herzerkrankungen.* Darmstadt: Steinkop

Meißner, R. (2011). *Effekte eines 12-wöchigen Ausdauertrainings auf die körperliche Leistungsfähigkeit und den psychischen Zustand von Patienten mit isolierter sy stolischer* Hypertonie. Dissertation, Medizinische Fakultät Charité-Universitätsmedizin Berlin, Berlin

Neumann, G., Pfützner, A. & Berbalk, A. (2007). *Optimiertes Ausdauertraining* (5., überarb. Aufl.). Aachen: Meyer & Meyer.

Rost, R. (Hrsg.). (2002). *Lehrbuch der Sportmedizin.* Köln: Deutscher Ärzte-Verla

Steinacker, J. M., Liu, Y. & Reißnecker, S. (2002). Abbruchkriterien bei der Ergometrie. *Deutsche Zeitschrift für Sportmedizin, 53* (7-8), 228–229

Stergios , V (2015). *Kardiovaskuläre Effekte eines aeroben versus eines isometrischen Trainings bei arterieller Hypertonie.* Dissertation, Medizinische Fakultät Charité-Universitätsmedizin Berlin, Berlin

Weineck, J. (2003). *Ausdauertraining. Trainingssteuerung über die Herzfrequenz- und Milchsäurebestimmung.* Balingen: Spitt

World Health Organization. (2000). *Obesity: Preventing and Managing the Global Epidemic - Report of a WHO Consultation:* The Stationery Office Books (Agencies)

Zintl, F. & Eisenhut, A. (2001). *Ausdauertraining. Grundlagen Methoden Trainings steuerung* (5. überarb. Aufl.). München: BL

6 Abbildungs- und Tabellenverzeichnis

6.1 Tabellenverzeichnis